Conserve la couverture

LES
COMBATS DE COQS
DANS LE NORD.

POÈME HÉROÏ-COMIQUE

EN TROIS CHANTS,

PAR

VICTOR BRÉDA,

NOTAIRE A HAISNES,

Membre de l'Académie des muses SANTONES.

PRIX : 1^{fr.} 25^{c.}

LILLE
IMPRIMERIE L. DANEL.
1879

LES

COMBATS DE COQS

DANS LE NORD,

POÈME HÉROÏ-COMIQUE

EN TROIS CHANTS,

PAR

V<small>ICTOR</small> BRÉDA,

N<small>OTAIRE A HAISNES</small> ,

Membre de l'Académie des Muses S<small>ANTONES</small>.

LILLE,

IMPRIMERIE L. DANEL,

1879.

CHANT I.

Je chante ces combats dont le jeu redoutable
Asservit tout le Nord sous un joug délectable,
Et qui, loin d'exciter des sanglots et des pleurs,
Ravit éperdûment les yeux des spectateurs.
Muse, prête à ma voix les accents de ta lyre,
Pour peindre dignement ce ravissant délire !
Viens répandre en mes vers une vive chaleur
Qui réchauffe à la fois et l'esprit et le cœur !
Seconde aussi mon chant, ô puissante déesse,
Dont les pas sont toujours guidés par la sagesse !
Enseigne-moi les lieux, les villages, les bourgs,
Les hameaux retirés, les villes, les faubourgs,
Où le dieu Mars, quittant son pavillon céleste,
Descend, pour animer de son souffle funeste
Ces célèbres héros, qui, vaincus ou vainqueurs,
Succombent dans l'arène en rehaussant les cœurs !
Dis-moi dans quel endroit fortuné de la terre
A fixer ses quartiers il se plaît, il préfère ?

Où ses mains vont semer leurs plus grandes faveurs ?
Où son culte reçoit les plus brillants honneurs ?
Au milieu d'une plaine, aujourd'hui très-fertile,
Qui s'étend mollement entre Béthune et Lille,
Sous un beau ciel d'azur, où, dans un libre essor,
S'exercent les zéphirs avec des flûtes d'or,
S'élève une cité, dont la tête orgueilleuse
Annonce le bienfait qui la rend tant heureuse.
Tel le roi des oiseaux s'élance vers les cieux,
En prenant dans son vol un air majestueux :
Telle, dans ses contours, du bas jusqu'à la cîme,
Très-altière apparaît cette cité sublime.
J'ai nommé La Bassée, et c'est bien là le lieu
Que pour ses grands exploits a préféré le dieu.
Aussi tout se ressent de la faveur divine ;
Tout révèle vraiment la grandeur qu'on devine.
La nature, daignant sourire à son bonheur,
Se plaît à lui donner un aspect enchanteur :
Plein de grâce et d'éclat, le bel astre du jour
De rayons tempérés éclaire son séjour ;
L'air est pur et serein ; les brises bien aimées
Y viennent secouer leurs ailes parfumées ;
L'orage n'y fait point éclater son courroux ;
Point de vents déchaînés, ni d'ouragans jaloux ;
Points de brouillards épais, ni de vapeurs fiévreuses
Mélangeant dans les airs leurs substances fâcheuses ;
Mais toujours un printemps calme, délicieux,
Sans troubles apparents régnant au front des cieux.

Sur son sol envié, rajeunissant sans cesse,
Les nuages parfois déversent leur richesse,
Pour y porter la vie et la fécondité;
Et le ciel fait éclore avec fidélité
Les herbes, fleurs et fruits que donne la nature
Pour assurer la bonne et saine nourriture.
Après avoir goûté ce site harmonieux,
Muse, peut-on sans toi le retracer aux yeux,
Dépeindre comment Flore étale sa parure,
Et Cérès sur les champs fait briller la culture,
Comment de près l'on voit tant de sources jaillir,
Et dans un gai lointain tant de troupeaux bondir,
Et comment on ressent les odeurs enivrantes
En foule s'exhalant du sein de mille plantes ?
Verts gazons, vignes, prés, vallons, vergers, coteaux,
Tout frappe les esprits par des côtés nouveaux.
De très-loin se découvre une église gothique,
Dont le clocher ferait naître un poème épique.
De ce beau monument, pour décrire avec art
Les merveilles sans nombre attirant le regard,
Il faudrait le compas de l'illustre Codvelle,
Dont le génie attend une gloire immortelle.
Les adorables sons d'un orgue harmonieux
Sous les doigts de Laurent transportent l'âme aux cieux.
De près quand on veut voir cette opulente ville,
On sent le mouvement de cette âme virile.
On dit que, par Mentor très-souvent dirigé,
Le conseil des anciens, en sages érigé,

Des solides remparts qui, formant sa ceinture,
D'une place de guerre en offraient la peinture,
Et qui, jadis souffrant de terribles assauts,
Souvent la préservaient d'un déluge de maux,
Dans un vote prudent décréta la ruine,
Pour échapper d'abord à l'indigne rapine
Du barbare Teuton, dont l'infâme métier
Menaçait d'envahir le pays tout entier,
Ensuite pour donner, par simple prévoyance,
A la cité restreinte une utile croissance.
Un avenir prochain fit voir à tous les yeux
Qu'il avait pénétré dans le secret des dieux :
La Prusse, qui toujours méditait sa vengeance,
Comme un tigre affamé se ruant sur la France,
D'une traîtresse main lui poignarda le cœur,
Comme un vil assassin flétri de déshonneur ;
Puis, par vol s'emparant de deux belles provinces
Qu'en secret convoitait l'œil jaloux de ses princes,
S'acharna sur sa proie, à l'instar du vautour,
Et lui suça le sang jusqu'aux os sans détour ;
Elle exerça si bien le meurtre et le pillage
Qu'elle remplit d'horreur le vieil et le jeune âge ;
Enfin, pour couronner dignement ses forfaits,
Imposa, pour garants de tous ses noirs projets,
Dans l'unique désir d'accroître la souffrance,
Tant de beaux milliards à cette noble France,
Qu'elle fût condamnée à l'extrême rigueur
De former tous guerriers pour venger son honneur.

Le Teuton n'osa point attaquer La Bassée
Qui sous son joug honteux ne serait point passée.
Sur elle veillait Mars : afin que l'ennemi
Assez loin de Souchez restât bien endormi ,
Mars flattait ses regards par des feux d'artifice ,
Et pour dissimuler, dit-on, tout maléfice ,
Par trois uhlans sans arme un bataillon entier
Semblait , dans le village , être fait prisonnier ;
Puis , pour mieux leur voiler cette supercherie
Et plonger leur esprit dans cette rêverie ,
Sous les toits Basséens que le dieu préservait ,
Très-docile à sa voix , par ruse se sauvait.
Grâce à cette faveur qui la maintint prospère ,
La Bassée évita la cruelle misère
Que traîna sur ses pas le farouche vainqueur ;
Et poursuivant alors, à son aise et sans peur,
Le plan que son conseil avait mûri pour elle ,
Sur Lille, son chef-lieu , voulant prendre modèle ,
Elle agrandit sa taille , en étendant les bras ,
Comme fait plein de joie un enfant gros et gras ;
Dans son sein elle ouvrit de magnifiques rues ,
De très-larges trottoirs et de pavés accrues ,
Où le gaz , se jouant de l'électricité ,
Verse durant la nuit sa plus pure clarté.
D'édifices nouveaux combinant la structure ,
De ceux de sa rivale affecta la posture ,
Et sur ses monuments sut jeter tant d'éclat
Que d'orgueil tressaillit son auguste Sénat.

L'art, pour tout embellir, s'unit à la nature,
Et de tant de chefs-d'œuvre ordonna la texture.
Sur ses flancs élargis avec mâle rondeur,
D'usines au front haut soutenant la splendeur,
La ville sent couler à grands flots dans ses veines
Un sang riche qui sort par ses mamelles pleines.
Creusé pour ses besoins un canal bienfaisant
Qui, par un fier désir, prit son nom séduisant,
Et qui très-tendrement par deux côtés l'embrasse,
En lui vantant tout bas sa charmante terrasse,
Serpente sous ses yeux dans un paisible cours,
Et d'utiles produits lui porte le secours.
Un quai large et profond forme son embouchure
Et mérite à lui seul l'honneur d'une brochure :
Il amasse en son lit les trésors étrangers,
Et sait de la disette écarter les dangers ;
Pour le commerce urbain, son siphon très-habile
Ménage de ses bords l'écoulement facile.
Puis, dévorant l'espace, un char, aux pieds de fer,
Par sa bouche vomit le feu comme l'enfer,
Pour propager au loin ses arts, son industrie,
Et répandre ses fruits sur toute la patrie,
Aux grands centres d'abord unit son peuple humain,
Ensuite au monde entier lui fait donner la main.
La Bassée, au surplus, cause en tout la surprise ;
Son soleil vous échauffe et son bonheur vous grise ;
L'œil découvre en son sein tant de rares beautés,
Que le cœur est rempli de douces voluptés.

Sur la place apparaît, rayonnant dans sa gloire,
L'hôtel de la cité, dont l'antique mémoire
Conserve avec orgueil dans des livres dorés
Les faits dont ses héros sont fiers d'être honorés.
C'est là que son conseil, comme un vigilant père,
Sur ses grands intérêts mûrement délibère ;
C'est là que, répondant au beau vœu de la loi,
D'un gracieux hymen on va sceller la foi ;
C'est là que les anciens, dans des fêtes splendides,
Aux grands bals s'ébattaient sous des pas très-rapides ;
Et c'est de son perron qu'on proclame bien haut
Les noms de ses élus par la voix d'un héraut.
Assez près de l'église on trouve ses écoles,
Où l'on ne donne pas d'enseignements frivoles,
Où l'un et l'autre sexe, à différents degrés,
Epuisent la science en d'étonnants progrès.
Les maîtres n'ont jamais la mine courroucée
Et suivent en tous points l'exemple du lycée ;
Par de douces leçons, par de purs entretiens,
De l'esprit et du cœur ils forment les liens ;
Sous le zèle influent de ces dignes apôtres,
Chacun devient meilleur et rend meilleurs les autres.
Utilement fondé dans un temps fort propice,
En un quartier salubre on remarque l'hospice,
Qui porte de saint Jean le nom très-glorieux,
Et s'assure par lui de la faveur des cieux.
De l'indigent infirme il calme la souffrance,
Et verse sur ses maux le baume d'espérance :

C'est du riche l'aumône et l'asile d'honneur ;
C'est du pauvre le sang , la paix et le bonheur.
Par des dons généreux reçus chaque semaine ,
Il voit en quelques ans arrondir son domaine ;
Car ce peuple, animé par un esprit divin,
Est sans cesse embrasé de l'amour du prochain.
Plus loin , dans une aimable et douce solitude
Où l'on va par devoir ou par sainte habitude ,
On voit une chapelle, au port simple et léger,
Qu'en l'honneur de saint Roch la foi fit ériger.
Assise sur un lit tapissé de verdure ,
Que la feuille et la fleur couvrent d'une ombre pure,
Elle a l'air si modeste et si plein de candeur ,
Que son aspect dans l'âme excite la ferveur.
Recevant de ce peuple un solennel hommage
Qui, loin de s'amoindrir, augmente d'âge en âge ,
Ce grand saint a toujours entouré de faveur
Son ardente prière où s'allumait son cœur.
De ses vœux assidus marquant la préférence,
Jamais il n'a laissé tromper son espérance :
Du choléras-morbus , l'un des plus grands fléaux ,
De la rage, l'auteur des plus horribles maux ;
De la peste, d'où sort l'odeur nauséabonde
Qui des lieux les plus chers fait enfuir tout le monde ,
Il sut la préserver ; et dans d'autres malheurs
Saint Roch ne se montra jamais sourd à ses pleurs.
Enfin , pour abréger , maisons à tous étages ,
Dont des artistes mains font oublier les âges ;

Balcons à fresques d'or , grilles à pans d'argent :

Vestibules , que garde un valet diligent ;

Vastes cours , dont le centre , entouré de pelouse ,

Est paré d'un bassin que tout regard jalouse ,

D'où le jet d'eau jaillit les jours de festival

Et retombe en cascade aussi pur qu'un cristal ;

Ponts-levis gracieux dansant la pastourelle

Dans un gai vis-à-vis avec la passerelle ;

Admirables jardins , que trace avec tant d'art ,

En des plans si divers , le célèbre Brongnart ,

Dont le nom est inscrit au Comice horticole

Et rappelle aux Lillois les gloires de l'école ;

De riches points de vue et de riants lointains

Qui sont à tous moments l'écho de gais refrains ;

De sinueux contours dans les vertes allées

Séparant les massifs en ellipses moulées ;

Des parterres fleuris charmant l'œil tour à tour ;

Des feuillages épais tantôt voilant le jour

Et versant à leurs pieds une ombre ténébreuse ,

Ou tantôt laissant voir du ciel la voûte heureuse ;

Un ruisseau serpentant avec limpidité ;

Dans le centre un étang par la brise agité ;

Tout un peuple de fleurs couronnant les bordures ,

Brillantes de rosée et de couleurs très-pures ;

Oh ! quel délice autour de ces boutons naissants !

Quels suaves attraits ! quels parfums ravissants !

Beaux parcs, bois odorants où sous un frais ombrage ,

Leurs chantres , les oiseaux , mêlent leur doux ramage :

Le charmant rossignol, dont la voix monte aux cieux
En remplissant les airs d'un son mélodieux,
Fait entendre parfois des roulades si vives,
Qu'elles touchent le cœur des plantes attentives,
Et que les compagnons qu'éveille son ardeur,
Viennent autour de lui pour se ranger en chœur ;
L'alouette chantant avec grâce, avec âme,
La romance du cœur qui d'amour vous enflamme ;
La grive et la fauvette, aux chants retentissants,
Soutenant les accords par de graves accents ;
Le merle et le pinson flûtant dans la fougère ;
Le bouvreuil soupirant une chanson légère ;
Les linottes parmi les bruyères en fleur,
Animant le concert avec un air flatteur ;
D'autres chantres connus par leur dure harmonie,
Appuyant les effets de cette symphonie ;
Et les jolis ramiers, épris fort tendrement,
Accompagnant ces chants de leur roucoulement ;
Des secrets de l'amour entendant le langage
Qu'ils répètent tout haut dans leur joyeux ramage,
Modulant des airs vifs où se peignent leurs feux
Pour charmer la colombe, objet de leurs doux vœux ;
En cercles voltigeant près de cette compagne,
Tout remplis de désirs que la crainte accompagne,
Forçant adroitement, par des tours et des jeux,
La rebelle à baisser ses regards devant eux,
Vantant le riche sang qui bouillonne en leurs veines ;
Puis, croyant qu'un regard récompense leurs peines,

Aussitôt sur la foi de ce léger coup-d'œil,
Se dressant, roucoulant, s'enflant d'un noble orgueil,
Lissant bien leur plumage et mûs par l'espérance,
S'élançant l'œil ardent, le cœur plein d'assurance,
Ou, s'ils perdent l'espoir d'un triomphe si beau,
Reculant tout saisis, approchant de nouveau ;
Montrant en tournoyant le feu qui les consume
Et qui fait frissonner chaque aile et chaque plume ;
Puis, quand parle l'amour, sous les ombres des bois,
De leurs nids enchanteurs vite allant faire choix ;
Enfin kiosques, chalets, gloriettes, bosquets,
Serres avec rotonde, adorables bouquets,
Viviers, fontaines, puits, et jusqu'au belvédère
D'où Vittu de la lune embrasse l'hémisphère,
Tout sur ce point du globe est si bien réuni,
Qu'un esprit attentif y trouve le fini ;
Et le fait qui paraît plus surprenant encore,
Dont notre La Bassée au plus haut point s'honore,
C'est qu'à son front, pareils aux astres rayonnants,
Brillent d'un vif éclat deux bardes étonnants,
Dont sur la lyre d'or la délicate Muse
A chanter ses grandeurs de temps en temps s'amuse.
De la loi du dimanche et des jours fériés,
Fidèle observateur, par des jeux variés,
De labeurs fructueux le peuple se délasse
Avec cette gaîté qu'aucun souci ne lasse :
Les uns, portant leur goût sur l'attrayant billard,
Atteignent les effets du sublime de l'art

Par cent coups répétés de fin carambolage ;
Les autres d'une flèche, au séduisant plumage,
Lancent mille traits sûrs dans un riant berceau
Avec l'arc bien tendu pour un succès nouveau ;
D'autres, au jeu de paume exerçant leur adresse,
Rivalisent entre eux d'étonnante prestesse,
Chassant et rechassant avec un cœur joyeux
L'objet qui vole en l'air et captive leurs yeux ;
Ceux-ci, marchant en guerre avec une toupie,
Allument son courroux en lui donnant la vie ;
Tel, avant un orage, est rapide l'éclair,
Ou le vent furieux qui siffle et frappe l'air :
Tel s'élance en fureur l'instrument de ravage
Qui, seul, chasse l'armée arrêtant son passage,
La culbute en entier par un constant effort,
Et trouve en son triomphe une louable mort.
Ceux-là, sans cesse émus du sort de la patrie,
Mêlent à leur amour une sage industrie :
Pour dresser des pigeons contre les ennemis,
Ils s'assemblent souvent en un cercle permis :
Là, des maîtres profonds prodiguent leur science,
Et dans quelques leçons dissipent l'ignorance,
Font vibrer dans leur cœur l'amour du sort natal,
Enseignent à braver même un danger fatal,
A diriger leur vol dans de lointains voyages,
Porter et rapporter de fidèles messages.
La Bassée, en silence, encourage ce cours,
Et compte à l'avenir sur ce puissant concours.

Pour guider ses enfants dans la noble carrière.
Et tenir dans leur âme une flamme guerrière,
Elle ouvrit au surplus, selon l'art de Flobert
Et le vœu du disciple aimé de Saint-Hubert,
Une école de tir où brille et se raffine
Leur talent pour la cible et pour la carabine.
La France, souriant, sur eux jette les yeux
Et puise en cet exemple un espoir glorieux ;
Dans ses plus chers attraits elle semble revivre,
Et d'un bonheur secret ce spectacle l'enivre.

Afin que La Bassée, au milieu de ses jeux,
Puisse rendre en tous temps son séjour fort heureux,
Pompeusement parée, une belle musique
Que dirige d'un chef la baguette magique,
Qui de succès anciens poursuit le noble cours
Et remporte des prix dans d'illustres concours,
Dont les médailles d'or, luisant sur sa bannière,
Attestent les reflets de sa vive lumière,
Par sa douce harmonie et ses brillants accords
Soulève tous les sens en d'émouvants transports ;
Dans ses airs variés, à la magnificence
Sait mêler tant d'éclat, tant d'art, tant de puissance,
Que de purs sentiments elle inonde le cœur
Et ravit l'âme émue au suprême bonheur.
Sur l'ordre d'Apollon, Euterpe la seconde,
Et par suite la paix règne sur tout le monde.
Compagnon de sa gloire, un beau corps de pompiers,
Dont le casque blanchit sous le poids des laurier,

2

La suit avec orgueil à très-peu de distance,

En marquant tous ses pas avec ordre et cadence.

Lui-même est précédé de deux maîtres-tambours,

Dont les sons font trembler la ville et les faubourgs.

Puis, d'un air martial relevant la moustache,

Sous le bonnet à poil garni de son panache,

Viennent majestueux quatre énormes sapeurs

Dont la barbe aux enfants inspire des terreurs ;

Munis du tablier de blancheur éclatante

Et de la hache d'arme, instrument d'épouvante,

Ils affectent si bien l'allure du géant

Que le reste auprès d'eux ne semble que néant,

Puis au porte-drapeau communiquent leur àme,

Et tout le bataillon par leur zèle s'enflamme.

Jeunes et pleins de feu, de vaillants officiers

Guident chaque côté sur des modes princiers.

A leur tête est Dilly, leur bouillant capitaine,

Qui d'un bon général a la mine certaine,

Qui le jour de sa fête et tous les ans, dit-on,

Anime leur ardeur par le don d'un mouton.

Dilly fait comme un roi manœuvrer tous ses hommes,

Talent rare vraiment à l'époque où nous sommes) !

Ah ! qu'il est beau de voir et musique et pompiers

Parader, les grands jours, comme de vieux troupiers !

Qu'il est beau de les voir, suivant règle ou coutume,

En armes, revêtus de leur brillant costume,

Parcourir chaque rue, en bataillon serré,

D'un pas fier, l'œil en feu, le visage pourpré :

On dirait une armée allant livrer bataille
Et d'un cœur magnanime affronter la mitraille,
Ou mieux on croirait voir de valeureux soldats
Encor tout triomphants revenir des combats.
La ville à cet aspect tressaille d'allégresse ;
Ses yeux laissent couler des larmes de tendresse ;
Et, pour récompenser leurs services loyaux,
Elle décerne un prix en l'honneur des drapeaux ;
Et les deux corps, jaloux de ce signe de gloire,
A la cible s'en vont disputer la victoire.
Puis un banquet splendide, offert par les vainqueurs,
Cimente l'union qui règne dans les cœurs
Enfin, pour terminer cette ébauche incomplète,
Ce qui jette dans l'âme une terreur secrète,
C'est qu'on parle d'un fait assez mystérieux
Pour avoir attiré l'attention des Dieux :
On dit qu'en ville existe un cercle somnambule
Qui du nom *Le Flambeau* fièrement s'intitule,
Dont le but, en jouant aux esprits un beau tour,
Est de les éclairer la nuit comme le jour.
Pour bien initier à ses mystères sombres
Son docte président sait évoquer les ombres.
Avant qu'il soit admis à ce culte nouveau,
Le postulant en mains doit tenir un flambleau,
(Symbole de l'esprit d'où jaillit la lumière) !
Il jure de rester fidèle à la bannière,
De secourir son frère, en tous lieux, sans orgueil,
A l'appel qu'il lui fait par un doigt fermant l'œil ;

A ses concitoyens de prêter assistance ,

Et dans l'obscurité semer la clairvoyance.

Quand ce pieux devoir suivant rite est rempli ,

Quand on reçoit l'élu, par son titre ennobli ,

Un succulent repas suit·cette investiture :

Une sauce aux oignons se mêle à la friture ,

Et la table gémit, malgré son épaisseur

Sous·les quarts de mouton effrayants de grosseur.

Comme l'astre des nuits le grand flambeau s'allume ;

Dans des vases tout pleins la brune bière écume ;

Chacun ouvre la brèche, et, sans prendre courroux ,

Du bonheur du pays aussi fier que jaloux ,

Pour vanter notre France et sa gloire immortelle,

Acquiert en bien mangeant une force nouvelle.

Du jus de Gambrinus les corps sont inondés ,

Et les bocks sont remplis aussitôt que vidés.

Couronne du festin, que le vin accompagne , ·

De la coupe jaillit le pétillant champagne.

Dans le même fluide alors chacun nageant ,

Par degrés s'émancipe, et, de thème changeant ,

Vingt langues à la fois parlent de leurs prouesses ,

De chevaux et de chiens, de chasse et de maîtresses ,

De combats et de sang, et de grands tremblements

Remuant la cité jusqu'en ses fondements ,

D'usines que la flamme embrase tout entières ,

De peste et de famine, et de fleuve ou rivières

Ensevelissant tout sous des montagnes d'eau ,

De cruels ouragans, ou d'horrible fléau ,

De trônes renversés ou dont la chute est prête ,

Enfin de tous les maux frappant notre planète ,

Jamais de politique, assez des revenants ,

Font trembler les Teutons avec tambours battants.

Puis des toasts, des vivats, transportent d'un fou rire,

Et les voix et les pieds assistent le délire.

Soudain la cloche sonne, et, troublant le concert ,

Saisit la troupe en joie au milieu du dessert .

Et, comme un ennemi que frappe une défaite ,

Opère par la peur une prompte retraite.

Voilà ce qu'on rapporte, et de la vérité

La fable ne retient qu'une faible clarté :

Si ces astres vivants sont devenus célèbres ,

C'est qu'on voit leurs vertus briller dans les ténèbres.

Ce sont bien, sans douter, des titres sérieux ,

Qui décidèrent Mars à descendre des cieux ,

Pour planter son drapeau sur cette noble terre

Où germaient des héros pleins d'une ardeur guerrière.

« Les hommes, pensait-il, le cœur rempli de fiel ,

» Ne songent maintenant qu'à se nourrir de miel ;

» Ils vivent endormis au sein de la mollesse,

» Puis meurent de langueur et d'indigne paresse.

» Les lâches ! Ils ont fui les sentiers de l'honneur ;

» De leurs braves ayeux ils n'ont plus la valeur,

» Et partout règne entre eux une sainte alliance.

» On ne veut plus se battre, et jusqu'à cette France ,

» Qui jadis adorait les périlleux combats ,

» Et même s'y livrait sous de joyeux ébats ,

» Dont les guerriers, frappant et d'estoc et de taille,

» Savaient vaincre ou mourir sur les champs de bataille,

» La France, qui malgré ses terribles revers

» Au seul son de sa voix fait trembler l'univers,

» La France, en qui j'avais mis toute confiance,

» Qui surtout m'attirait par sa noble vaillance,

» La France aujourd'hui dort dans un profond sommeil,

» Et j'ignore en quel temps se fera son réveil?

» Or, puisque pour le grand et fier métier des armes

» Les malheureux humains n'éprouvent plus de charmes,

» Puisqu'ils ne sont plus bons qu'à tenir le hochet,

» Où près de la quenouille à tourner le rouet,

» Répandons nos bienfaits sur des têtes moins vaines,

» Et dont le corps conserve un bon sang dans les veines !

» Dans les êtres cherchons un genre d'animaux,

» Qui nous épargne enfin la douleur de tels maux !

» Dans le cœur des élus allumons tant de flammes

» Qu'elles ne puissent point s'éteindre dans les âmes !

» Que ces nouveaux guerriers sur le champ de l'honneur

» Se montrent toujours pleins d'une bouillante ardeur !

» Que bientôt leurs exploits fassent rougir les hommes,

» Et leur fassent comprendre un peu ce que nous sommes !

CHANT II.

ARGUMENT.

Mars attend la nuit pour descendre à La Bassée , afin de communiquer aux coqs son ardeur belliqueuse. — Effets de sa visite au poulailler. — Un orage survient , la foudre éclate et frappe le poulailler et ses hôtes. — Mars, étonné, consulte Minerve.— Causes de son insuccès ; sans l'homme, il ne peut accomplir son dessein ; peinture de la grandeur de l'homme et de son utilité.

Le soleil atteignait les limites du jour :
Las d'éclairer la terre, il achevait son tour.
Dans un monde infini , comme fait un poète,
On le voyait plonger sa radieuse tête.
Des nuages, parés des plus riches couleurs ,
Entouraient son coucher des plus vives splendeurs ;
Des astres scintillants, en escorte d'élite ,
Soutenaient son éclat en devançant sa fuite.
Lançant ses derniers feux, son disque, aux rayons d'or,
Disparaissait lui-même, étincelant encor,
Puis allait se cacher dans l'océan immense
Que les esprits ravis admirent en silence.
Le soir descend alors sur les ailes de l'air,
Et de ses doux parfums vient embaumer l'éther.

A son signal accourt l'obscur essaim des ombres
Qui sur tous les objets jettent leurs voiles sombres.
Des orbes rayonnants, hôtes du firmament,
De son manteau d'azur sont le bel ornement.
Les étoiles du ciel vont parsemer la voûte,
La brillante Vénus vient guider dans leur route
Les Heures présidant les mystères d'amour,
Et restant pour veiller jusqu'au lever du jour.
De la reine des Nuits le pâle diadème
Etale sous les yeux sa majesté suprême.
De nuages épais son corps se dégageant
Paraît dans l'ombre assis sur un trône d'argent.
Les rayons tremblottants de sa terne figure
Accompagnent le deuil qui couvre la nature,
Et sa robe, au teint noir, s'étendant sous les cieux,
Voile la terre et l'air d'un crêpe ténébreux.
Bientôt l'obscurité règne dans son royaume :
L'œil ne distingue plus des corps le moindre atôme.
C'est l'heure où l'on se livre au bienfaisant repos,
Et c'est l'heure où Morphée, effeuillant ses pavots,
Charme les Basséens par de joyeux mensonges,
En berçant les esprits de doux et légers songes.
L'univers s'est éteint, et la variété
A fait place à son tour à l'uniformité.
Puis minuit sonne enfin : c'est l'heure qu'a choisie,
Après avoir vidé la coupe d'Ambroisie,
Le Dieu Mars, pour ne point effrayer les humains,
Et pour se ménager des succès plus certains.

Revêtant aussitôt son éclatante armure
Qui frémit sur son corps avec un sourd murmure,
Il anime ses traits par l'espoir des combats
Qu'allumeront ses feux dans ses nouveaux soldats.
Tenant de la main droite une pesante lance,
De l'autre un bouclier, sur son char il s'élance.
Deux rapides coursiers, aux harnais garnis d'or,
Attendent son signal pour prendre leur essor.
Les regards enflammés, le teint pâle et livide,
Sa sœur et sa compagne, Eris leur sert de guide.
Dimos, l'un de ses fils, suit le char en émoi ;
Phobos, l'autre, précède, en excitant l'effroi.
Tel se montrait du Dieu l'appareil redoutable,
Lorsque, pour soulever la guerre épouvantable
Que firent si longtemps les Grecs et les Troyens,
Et qui fut si célèbre en des temps plus anciens,
Il venait allumer d'Achille la colère,
Et lui prêter le feu de sa rage guerrière,
Pour semer sous ses yeux le carnage et l'horreur,
Et répandre partout le sang et la terreur :
Tel sur son char paraît, en cet apprêt terrible,
Mars, qui ressent alors une joie indicible,
En pensant aux monceaux de cadavres sanglants
Qui vont rougir le sol sous des coups accablants.
Du coq gaulois l'insigne en forme d'étiquette,
Sur son casque brillant a remplacé l'aigrette :
De l'espèce animale, objet de cet honneur,
Le Dieu compte en retour sur un accueil flatteur ;

Il connaît sa vertu, son feu, sa vigilance,
Et d'autres qualités qui donnent l'assurance.
Pour la dernière fois il maudit les humains
Qui ne peuvent tenir que des jouets en mains.
« A la race meilleure allons porter nos armes,
» Dit-il, et dans son cœur faisons goûter nos charmes ! »
Sur un signe, soudain, aussi prompt que l'éclair,
Le char s'ébranle, et crie, et, rapide, fend l'air.
La lune, d'un rayon, dissipant le nuage,
Pour éclairer le Dieu découvre son visage,
Et suivant son exemple apparaissent aux yeux
Les étoiles, en peur, illuminant les cieux.
Bientôt les deux coursiers à l'épaisse crinière,
En effleurant le sol font voler la poussière.
A l'approche de Mars la nature a gémi ;
Les forêts et les monts de stupeur ont frémi ;
Et le peuple des bois, ressentant la secousse,
Jette des cris perçants et des ailes trémousse.
Puis les astres de nuit refusant leur lueur,
Le globe de nouveau retombe en la torpeur.
Enfin le char divin, parcourant la carrière,
De la ville endormie a franchi la barrière.
Le gardien de ses murs est pris d'un tel effroi
Qu'il tombe à la renverse à l'appel de l'octroi.
Les passerelle et pont, saluant son passage,
A la Divinité adressent leur hommage.
Les pavés, les maisons tressaillent tous d'horreur
Sous les pieds des coursiers écumant de fureur,

Qui s'arrêtent soudain au bas de la grand' place,
Avec ce sûr aplomb qu'aucun autre n'efface,
Après avoir d'un bond coupé le boulevard
De Lens joignant la rue au quartier Saint-Accard.
Près d'un ardent foyer, lequel chaque jour fume,
Et que l'amer houblon de son baume parfume,
Auprès d'un bâtiment dont l'énorme hauteur
De son grand architecte atteste la valeur,
Dans un endroit bien sec, aéré, très-propice,
Où d'habiles maçons ont prêté leur office,
Gît entouré de murs un vaste poulailler,
Où, bien loin de songer à l'art de batailler,
De poules et de coqs un remarquable nombre
Dormaient paisiblement, le corps perché dans l'ombre.
A côté, sur un coin de la rue Héronval
Qui souvent retentit des ébats d'un gai bal,
L'estaminet de paix montre son air superbe
Sur un ton qui fait voir qu'on n'y broute pas l'herbe.
Très-brillamment tenu par l'affable Jacquart,
Il regarde la place et la ruelle Accart.
Là, le jour et le soir, un beau cercle s'assemble,
Pour fumer, rire et boire, en causant tous ensemble.
Parmi ses membres règne une franche gaîté
Offrant un bel exemple à la Société.
Là, des jeux différents toujours vous divertissent ;
Les journaux, les bons mots, les chansons, réjouissent ;
Les cartes, le billard, et le fameux trictrac
Dont les dés en ivoire en roulant font cric-crac,

Amusent les amis par leur vertu secrète
Que ne trouble jamais une oreille indiscrète.
Par ce commerce aimable et souvent répété
Chaque esprit semble avoir un nœud de parenté :
Aussi tout sent l'effet de ce bon voisinage,
Qui porte poule et coq à croire au cousinage ;
Le délicat contact d'un café si joyeux ,
En les civilisant, rend leur séjour heureux ;
Et leurs couples parfois, au son de la musique ,
Mêlent dans le concert une danse lubrique ,
En fredonnant les airs et suivant les ébats
Que les cousins du haut font en marquant leurs pas.
Puis le bal terminé, quand la retraite sonne ,
Quand le café fermé n'accepte plus personne ,
Les heureux couples vont ensemble ripailler,
Et chaque coq conduit sa dame au poulailler.
C'était après un bal, après un jour de fête
Qui donne à chaque cœur pour prix une conquête,
Après s'être livrés à ce galop final
Que le sage regarde un peu comme infernal ,
Dames Poules et Coqs, le cœur plein d'allégresse,
Les sens encor plongés dans une douce ivresse ,
Tranquilles, reposaient, côte à côté perchés ,
Par des songes riants visiblement touchés ,
Lorsque le Dieu soudain, avec son air farouche ,
Des éclairs dans les yeux et l'écume à la bouche ,
Apparaît, de la guerre empruntant l'attirail ,
(Des timides humains terrible épouvantail !)

A cet aspect saisis et d'horreur et de crainte,
Les animaux glacés exhalent une plainte.
Les poules aussitôt, par des cris larmoyants,
Annoncent de Phœbos les effets foudroyants,
Et, sautant d'un seul bond des perches fracassées,
Tombent confusément sur leurs pattes cassées.
Les coqs, dont cette vue allume le courroux,
Lançant sur l'oppresseur plus d'un regard jaloux,
Sur le spectre inconnu se ruant tous en masse,
Comme des enragés attaquent sa cuirasse,
Et la frappent de coups et d'ergots et de becs,
Mieux qu'autrefois frappaient les intrépides Grecs;
Puis, redoublant leurs feux par un amour suprême,
En voyant refléter du coq gaulois l'emblème
Sur le casque de Mars, dans l'ombre étincelant,
Qui tombe de sa tête en ce combat sanglant,
Ils s'élancent dessus avec une nouvelle rage
Et font de cet insigne un horrible carnage;
Et les pauvres débris, en morceaux divisés,
Sont bientôt recouverts de leurs corps épuisés.
Le Dieu se trouve ému par ce lugubre drame :
La douleur retentit jusqu'au fond de son âme;
Il cherche à ranimer tous leurs membres meurtris
Qui d'une odeur de mort apparaissent flétris,
Et bien loin d'exciter ses flammes vengeresses,
Il leur prodigue à tous ses plus tendres caresses,
Les presse sur son sein, leur parle tour à tour
Des desseins qu'a sur eux fait naître son amour;

Teintes d'un sang tout noir il lave leurs figures,
Verse un baume divin sur toutes leurs blessures,
Et, pour mieux compâtir à leurs cruels malheurs,
Il inonde leurs corps du torrent de ses pleurs.
Mais il s'épuise en vain, par ces marques touchantes,
A réveiller un peu leurs âmes languissantes ;
Il leur dévoile en vain les secrets de son art,
En agitant sur eux son sanglant étendard ;
Ces êtres, tristement étendus sur la terre,
Et les regards tournés vers l'insigne en poussière,
Ne semblent plus offrir qu'un reste inanimé
Dont le cœur bat encor de haine envenimé.
Leur roi seul semble ému du souffle de la guerre,
Et cherche à remuer ses membres en colère,
Lorsque, se relevant par un sublime effort,
Il entonne son chant dans les bras de la mort.
Soudain la terre tremble et les cieux s'obscurcissent ;
Les ombres de la nuit plus pâles s'épaississent ;
Un bruit sourd se répand dans le rapide éther,
Parti du brusque choc de nuages dans l'air
Et du courroux des vents qui, se livrant la guerre,
Eclatent mugissants à l'instar du tonnerre.
Tout-à-coup sous les cieux un vif éclair paraît,
Inspirant la terreur qui rend l'homme muet.
Sortant rapidement du sein d'un gros nuage
En fendant l'horizon sur l'aile de l'orage,
La foudre éclate, gronde, et son horrible voix
Ebranle tous les airs pour la première fois.

La tempête mugit, solennelle, terrible,
Sous l'amas de vapeurs aussi noir que fongible,
Allume les éclairs qui sillonnent les cieux
Sous les coups du tonnerre, au canon furieux.
Et bientôt une flamme immense, éblouissante,
Tantôt semblant éteinte et tantôt renaissante,
En un clin-d'œil s'étend sous la voûte des cieux,
Enveloppe la nue et la dérobe aux yeux.
Les éclairs augmentant fendent un large espace,
Et semblent présager d'un grand coup la menace :
D'un tonnerre effrayant les éclats répétés
Redoublent, se croisant, partout répercutés.
Dans les ébranlements que ce fracas enfante,
Les cieux, la terre et l'air tressaillent d'épouvante.
La grêle fond alors en grains impétueux,
Ou déverse la pluie à flots tumultueux.
L'irrésistible foudre en feu roulant embrase
Les forêts et les toits, qu'en courroux elle rase.
Par le coup fulminant, le poulailler touché
N'offre plus qu'un débris tout noir et desséché.
Les oiseaux, gémissant sous son ombre chérie,
Du trait mortel atteints, tombent privés de vie.
A ce spectacle affreux, Mars se trouve atterré ;
A de sombres pensers par suite il est livré,
Se demandant pourquoi ces flammes redoutables
Ont frappé sous ses yeux des têtes non coupables ?
Contemplant à ses pieds l'être cher à son cœur,
Il gémit absorbé dans l'excès du malheur.

Voulant avoir raison de ce coup, sans faiblesse,
De Minerve il invoque à genoux la sagesse ,
Et d'une triste voix qu'étouffe le soupir,
Exprimant la douleur qui le fait tant souffrir :
« O Déesse ! dit-il, toi qui sus tant me plaire ,
» Toi qu'aiment tous les Dieux que ta sagesse éclaire ,
» Toi qui n'as jamais pu repousser mon doux vœu ,
» Et qui dans maintes fois me fit ce tendre aveu ,
» Daigne avec bienveillance accueillir ma prière
» Et viens dans mon esprit apporter la lumière !
» Viens tirer de ce trouble et de cet embarras
» Celui qui tant de fois a dormi dans tes bras !
» De ces effondrements enseigne l'origine !
» Explique ces effets de la rage divine !
» De ta saine raison j'implore le secours !
» De ta sagesse , enfin , prête-moi le concours. »
Aussitôt la Déesse apparaît sous ce charme
Qui des mains du guerrier sait faire tomber l'arme.
Pour compagne elle a pris l'inflexible Raison ,
Et pour guide certain la Persuasion.
Ses lèvres font éclore un gracieux sourire ,
(Symbole de l'amour exerçant son empire !)
A l'aspect du guerrier fléchissant les genoux
Et noyant dans les pleurs ses regards les plus doux ,
Son cœur ému ne peut retenir une larme
Qui brille dans ses yeux pour augmenter son charme.
« Indomptable héros , infatigable dieu ,
» Que l'amour des combats a conduit en ce lieu ,

» Ne sois plus étonné du malheur qui t'accable ,

» Dit-elle, et par ma voix apprends le vrai coupable :

» Le monde universel est régi par des lois

» Auxquelles sont soumis sujets, peuples et rois ,

» Et les dieux, jouissant des gloires immortelles ,

» Ne peuvent violer ces règles éternelles ;

» Même les animaux sont tenus d'obéir

» Au joug qui les enchaîne et qui les fait gémir.

» L'arbitre tout-puissant , l'être éternel suprême ,

» Père de la nature , maître des dieux lui-même ,

» Cet être souverain qui créa d'un seul mot

» L'univers , pour qu'il sût se soumettre aussitôt ;

» Celui qui fréquemment, quand mugit la tempête ,

» Sans crainte sur son sein va reposer sa tête ;

» Qui sur l'aile des vents , rempli de majesté ,

» Voyage dans les airs avec sérénité ;

» Qui sur un signe oblige , et mer, et cieux, et terre ,

» A se voiler le front , se courber et se taire ;

» Celui qui dans le vide avec précision

» Tant de mondes lança sans peur de lésion ;

» Celui qui des saisons , comme un père adorable ,

» Et des jours et des nuits règle l'ordre admirable ;

» Celui qui créa tout , en un mot le vrai Dieu ,

» De l'espace , du temps , de l'infini l'essieu ;

» Celui qui des soleils , océans de lumière ,

» Avec tant de puissance a tracé la carrière ;

» Le Dieu de tous les Dieux , dont l'œil veille partout ,

» Qui pèse, qui combine et qui dirige tout ,

» Qui créa l'HOMME enfin à sa divine image ,

» Pour qu'il restât toujours juste, fidèle et sage ,

» Qu'il fût de ses grandeurs le plus digne ornement ,

» Et de tous ses chefs-d'œuvre un beau couronnement ,

» A lui-même dicté ces lois inviolables

» Qu'on ne peut transgresser sans dangers effroyables.

» Or, pour rendre visite au genre d'animaux

» Qui soulève ton cœur pour des combats nouveaux ,

» Tu devais à son dieu , son seigneur et son maître ,

» A l'HOMME , tu m'entends , possesseur de cet être ,

» Demander libre accès dans ce modeste asile

» Pour ne point violer la loi du domicile.

» L'oubli de ce devoir a causé le malheur

» Qui plonge en ce moment ton âme en la douleur.

» Du code des humains l'injuste inobservance

» De la foudre divine attira la vengeance.

» Sans l'homme tu ne peux accomplir ton dessein :

» Car le globe en entier est assis sur son sein.

» L'homme est le souverain , le seul roi de la terre ,

» Et des êtres vivants celui que Dieu préfère ,

» Pour qui se dépouillant en principal auteur ,

» De simple créature il le fit créateur ;

» C'est pour lui qu'il créa , dans sa bonté suprême ,

» Les merveilles du monde et les biens que l'on aime ;

» C'est à lui qu'il donna cet esprit radieux

» Qui traverse l'espace et mesure les cieux ,

» Dont la pensée agile , essence incomparable ,

» Lui fait fouler aux pieds la terre méprisable ,

» Pour que son âme aspire au suprême bonheur

» De s'abîmer un jour dans le feu de son cœur ;

» Cet esprit dont la force, en sa course hardie,

» Par la philosophie est sans cesse agrandie,

» Embrasse dans ses bonds et la cause et l'effet

» Pour finir à l'auteur qui seul a tout bien fait,

» Et s'élève bientôt sur les ailes de l'ange

» Pour atteindre en son vol ces lieux où rien ne change,

» Ces sommets où, pour prix d'un zèle combattu,

» Elle obtient la science ainsi que la vertu ;

» Qui, par la poésie allumant les visages,

» Les fait briller des feux de divines images

» Qui sont le précieux trésor du genre humain,

» Sa gloire, son plaisir, son honneur le moins vain ;

» Qui, soumis à la voix de l'active Industrie,

» Fécondant les beaux-arts selon la théorie,

» Par l'utile flambeau de ses vives clartés,

» Développe en son sein toutes ses facultés.

» De pénibles labeurs subissant les efforts

» Des mines l'homme sait extraire les trésors,

» Utiliser du feu la chaleur dangereuse,

» Comprimer des torrents la course désastreuse,

» Des fleuves diriger les utiles courants,

» Même tirer parti de l'haleine des vents ;

» Puis dans son beau génie entremêlant l'audace,

» L'homme acquiert autant de grandeur que de grâce ;

» Devenant chaque jour plus ferme dans ses pas,

» Dans le cours du progrès il ne s'arrête pas.

» Les sciences partout excitent son envie ;
» Par la gloire il s'échauffe en son âme ravie ,
» Et, poussé par le dard de son ambition ,
» Suit le chemin qui mène à la perfection.
» L'homme , pour garantir ses respectables droits ,
» Etablit de son chef le code de ses lois ,
» Enseigne les devoirs par pure symétrie ,
» Enchaîne tout pouvoir hostile à la patrie ,
» Et, dans le noble but de punir l'attentat ,
» Fait asseoir la Justice au timon de l'État ;
» Car, pour mettre le comble aux dons qui l'enrichissent
» Et sans quoi tous les biens très-vite se flétrissent ,
» Dieu , pour le revêtir d'un vrai cachet divin ,
» Le dota d'un bienfait , lot seul du genre humain ,
» De cette Liberté qui sur son front rayonne,
» Et d'un pur diamant entoure sa couronne ,
» De cette liberté , cette reine du ciel ,
» Qui sait charmer le cœur du plus simple mortel ;
» Qui, par la charité étouffant les litiges ,
» Des plus hautes vertus enfante les prodiges ,
» Maintient la dignité des peuples et des rois
» Et range les sujets sous son sceptre et ses lois.
» L'arbitre souverain veut que , seul dans ce monde ,
» L'homme règne partout sur la terre et sur l'onde ;
» Qu'il exerce sa loi sur les genres divers
» D'êtres créés pour lui dans ce vaste univers;
» Qu'il donne à chaque objet la couleur et la vie
» Et répande ici-bas comme un Dieu l'harmonie.

» Sans l'homme, les corps bruts, dépourvus de ressort,

» Dans leur masse peindraient l'image de la mort ;

» La nature, plongée en un chaos extrême,

» Sans l'homme ne pourrait toucher sa fin suprême.

» L'univers, que console et guide son flambeau,

» N'offrirait dans son deuil qu'un lugubre tombeau.

» Tous les êtres vivants ont ressenti l'injure

» Dont ton mépris frappa la noble créature.

» Par Dieu, sous le rapport de plusieurs facultés,

» Les animaux, en outre, ont été limités ;

» Comme l'homme ils n'ont pas le don de la parole,

» Ce don, riche apanage inné dans leur idole ;

» Comme l'homme ils n'ont pas été doués du sens

» De l'oreille assez fin pour saisir tes accens ;

» Ces bêtes, ne pouvant ni parler ni t'entendre,

» Sauraient, dans leur état, encor moins te comprendre.

» A l'homme il te faut donc, de ton respect l'objet,

» Demander le concours pour suivre ton projet. »

Elle dit, et lançant un rayon de lumière,

La Déesse s'éclipse en voilant sa paupière.

CHANT III,

ARGUMENT.

Le beau temps après l'orage. — La Bassée en fête à l'annonce d'un combat
de coqs. — Affluence de monde. — Lieu et conditions de la lutte. —
Prélude , armure , enjeu, paris. — Combats. — Réjouissances. — Ses
suites.

De la face des cieux a disparu l'orage ,
En chassant sur ses pas bientôt chaque nuage.
L'horizon se repeint d'un éclatant azur ,
Le firmament paraît gracieux, vaste et pur ;
Sa voûte s'enrichit de splendeur infinie ;
Partout aussi renaît la divine harmonie.
Un air bon et léger, un calme très-profond ,
Des plantes les parfums, dont l'odeur correspond,
Et dont les doux zéphirs, en semant la verdure,
Des êtres embaumés caressent la figure ,
Dominent tout -à-coup, en tous lieux répandus ;
Et, comme au souvenir d'un danger qui n'est plus ,
D'une brillante robe, emblême de la joie ,
Qui sur les bois, les champs et les prés se déploie ,
Et que vient rehausser le jour aux rayons d'or,
La nature, en triomphe, étalant son trésor,

Dans ses charmants attraits semble bientôt revivre ;
Beauté , contentement, tout maintenant enivre.
On n'entend que les chants des êtres satisfaits ,
Montant au Créateur pour prix de ses bienfaits :
Le bétail, reposé d'un labeur qui l'accable ,
De ses mugissements fait frémir son étable ;
Et des troupeaux laineux le faible bêlement
Se mêle à cet accord en ce touchant moment.
Le lièvre soupçonneux tressaille dans son gîte ,
Sort le nez, fait un pas, recule, avance, hésite ,
Prête l'oreille, sent, à fuir est toujours prêt ,
Saute et bondit, agile, au loin dans le guéret ,
Epiant du chasseur la marche matinale.
Des bosquets retentit la note musicale ,
Image du plaisir, et des groupes d'oiseaux
D'hymnes harmonieux remplissent les échos.
Puis l'homme, le premier, selon son habitude ,
A genoux devant Dieu marque sa gratitude.
Créé pour régner seul sur ce monde animal ,
Le premier, il entonne un concert général ,
Remerciant celui qui, de sa main puissante ,
A fait taire à son gré la foudre menaçante ,
Qui du jour éclipsé ralluma les splendeurs ,
Et fit évanouir d'aussi vives terreurs.
Au chant du coq venant saluer la lumière ,
Le Basséen s'éveille, en ouvrant la paupière.
Le soleil, revêtu d'un éclat souriant ,
Pour éclairer le jour se lève à l'Orient.

Lançant autour de lui le feu qui l'environne,
En roi majestueux il monte sur son trône.
Son immense regard a partout pénétré :
La terre humide brille, et l'air est coloré.
Sa lumière éclatante, orgueil de la nature,
S'étend sur chaque objet comme une clarté pure,
Rayonne dans les bois, scintille sur les flots,
Et du sein de vapeurs dont il pompe les eaux
En perles s'épanchant sur la plaine arrosée,
Fait éclore et flotter les gouttes de rosée.
Puis, comme d'un nuage obliquant sur la terre,
Le brillant arc d'Iris, dévoilant son mystère,
Se réfracte et se tend sous de riches couleurs,
Montrant à La Bassée, en un cercle de fleurs,
Violet, indigo, vert, jaune, orangé, rouge,
Entremêlé du bleu d'où son œil plus ne bouge ;
Sous un rayon solaire après se dissolvant,
Comme Newton le peint en son prisme savant,
Bien vite disparaît, donnant une caresse
Qui rend le ciel heureux, la terre en allégresse.
Partout sourit le site en son aspect joyeux ;
Partout l'air de fraîcheur s'épand délicieux ;
Le beau chant des oiseaux s'unit au doux murmure
Des aimables ruisseaux courant sur la verdure.
Puis un flot de clartés, riche présent du ciel,
Que tire le soleil du grand Être éternel,
En ce jour se maintient, sans que rien ne l'efface,
Se brisant en tous sens, ruisselant dans l'espace :

C'est que dans La Bassée en ce beau jour a lieu
Un grand combat de coqs préparé pour un jeu.
Les affiches partout tapissent les murailles
Pour annoncer au loin les terribles batailles ;
L'air retentit du son des deux maîtres-tambours
Qui viennent réveiller la ville et les faubourgs ;
Les clairons, en gaîté, dans tous les murs résonnent ;
Les cloches de la ville en son grand hôtel sonnent ;
De beaux arcs de triomphe sont aussitôt dressés ;
Des portes frisent l'air en feuillages tressés ;
L'oriflamme embellit les maisons pavoisées ;
Les pavés sont ornés de perches bien croisées ;
Le belvédère même, illuminé, prend feu,
Comme un phare brillant, pour éclairer le jeu.
Le bruit s'en répand vite et court dans les villages,
Enflamme tous les cœurs, allume tous les âges ;
Berclau, Billy-Berclau, Violaines, Douvrin,
Fromelles, Festubert, Hulluch, Auchy, Cambrin,
Haisnes, Salomé, Lens, Hantay, Provins, Illies,
Richebourg, Bauvin, Loos, Vermelles, Marquillies,
Et de proches voisins, aux rayons d'alentour,
Pour voir ce beau spectacle accourent tour-à-tour.
La foule se grossit si nombreuse à la gare,
Que son chef, renversé, s'efforce à crier : gare !!!...
Les flots roulent alors tant pressés, tant ardents,
Que tout cède aux effets de poignants accidents ;
Et le Conseil du Nord fait agrandir la salle,
Afin de prévenir sa terreur sépulcrale.

La ville prend avis d'élargir tous ses murs ,

Sur la plainte des coups que sentent les fémurs.

Les cafés, trop étroits pour contenir les foules ,

Ont fait place aux maisons pour cacher les ampoules :

Car le monde est plus grand qu'aux jours de carnaval

Qu'accompagne, en musique, un riche festival.

En voyant ces apprêts qu'excite le courage,

Le Dieu Mars sent un feu qui ranime sa rage.

De la sage Minerve écoutant le conseil ,

Et voulant profiter des faveurs du sommeil ,

Le cœur encor troublé par cette résistance

Qui par un coup du sort enchaînait sa vaillance ,

Chez le brave Delattre, un soldat parvenu,

Qui dans l'art du dressage était fort bien connu,

Mars pour suivre son plan s'était rendu sans crainte ,

Certain d'être accueilli sans reproche et sans plainte.

De ses coqs , bon augure ! il le surprit rêvant ,

Et berçant son esprit dans un songe émouvant :

« Intrépide jeune homme, ô toi qui sur la terre

» Peux faire en ce moment assouvir ma colère ,

» Toi que j'admirai tant comme gentil hussard ,

» Quand tu tenais en main le loyal étendard ,

» Dit-il, toi, dont l'amour pour ta belle patrie

» De bien dresser les coqs se mêle à l'industrie ,

» Toi, dont les fiers Teutons ont senti la valeur,

» Lorsque, dans les combats, célèbre batailleur,

» Tu parcourais les lieux tout remplis de carnage

» Qu'exerçait dans leurs rangs la fureur de ton âge ,

» Lorsque ton bras vengeur, frappant tous ces pillards,

» Les noyait dans le sang comme d'affreux soulards,

» Resteras-tu plongé dans cette somnolence ?

» Croupiras-tu toujours dans la même indolence ?

» Ne sens-tu plus bouillir cette ardente chaleur

» Qui savait au barbare inspirer la terreur ?

» Ton cœur, au souvenir de ces luttes sanglantes,

» Ne tressaille-t-il plus de douleurs accablantes ?

» Si l'illustre pays, qui t'a donné le jour,

» Pour les champs de l'honneur n'a plus aucun amour ;

» Si les plus beaux lauriers que cueille la victoire

» Ne viennent plus orner l'éclat de son histoire ;

» S'il préfère rester comme un lâche endormi

» Et ne plus affronter l'orgueilleux ennemi ;

» Ton âge souffre-t-il cette existence calme ?

» Ne te force-t-il point à conquérir la palme ?

» Toi qui connais si bien les coqs, brûlants d'ardeur,

» Dont l'aspect d'un rival fait enflammer le cœur,

» Ne peux-tu par tes feux raviver leur courage

» Et dans de grands combats ressusciter leur rage ?

» Ces champs si glorieux, ouverts à leurs vigueurs,

» En t'élevant bien haut te combleraient d'honneurs !

» Sous ton guide obtenus des mains de la victoire,

» Des triomphes certains te couvriraient de gloire !

» De Prevost, le boucher, qui sait avec tant d'art

» Elever de bons coqs nourris avec fin lard,

» Et dont la renommée en ce point est certaine

» Et s'étend, glorieuse, en la plage lointaine,

» Qui prétend que ses coqs valent mieux que les tiens,

» Se flattant de ce que tous ont meilleurs soutiens,

» Ne peux-tu rabaisser une telle arrogance,

» En opposant des tiens la superbe vaillance ?

» Ne peux-tu lui prouver que dans les cœurs bien nés

» La valeur n'attend pas des corps gras et soignés?

» Lève-toi, lève-toi, comme un brave soldat

» Va, cours vaincre Prevost, par tes coqs, au combat. »

Il dit, et franchissant d'un bond le court espace

Séparant d'un rival qu'il sait de bonne race,

Il descend chez Prevost qu'il trouve reposant

Sur un bon lit paré d'un duvet séduisant,

Et touchant son esprit par un merveilleux songe

(Qu'il n'a pas toujours pris pour un joyeux mensonge,

Tant le gai souvenir des gloires à chanter

Pour ses coqs dans la suite a paru l'enchanter) !

« Vaillant Charles, dit Mars, toi qui des rois de France

» Par l'illustre prénom formes la descendance,

» Toi qui dans les dangers n'a jamais reculé

» Et l'insolent mépris as toujours refoulé !

» Toi qui chéris tes coqs d'un amour aussi tendre

» Que, comme tes enfants, ton bras sait les défendre,

» Laisseras-tu longtemps un jeune audacieux

» Outrager ton honneur d'un air peu gracieux ?

» Et ne feras-tu point bientôt toi-même taire

» Ce fanfaron blâmant des coqs sachant te plaire ?

» Sais-tu qu'il ose dire, aux cafés et partout,

» Que ses coqs sont meilleurs que tes coqs même en tout ;

» Qu'ils ont le sang plus riche, un plus brillant plumage,

» Une force plus grande, un plus ardent courage,

» Et plus prompts que la flèche en bondissant de l'arc,

» Ses coqs tûraient les tiens raide-mort sur le parc.

» N'auras-tu pas raison bientôt d'un pareil conte ?

» Et devant le public paraîtrais-tu sans honte ?

» De ce présomptueux va donc courber le front !

» Ce n'est que dans le sang qu'on lave un tel affront.

» Tu connais de tes coqs l'ardeur, la vigilance,

» Les soins dont les combla ta noble patience,

» Les feux que la colère allume dans leurs cœurs,

» Les terribles élans qui les rendent vainqueurs :

» Va donc de l'insolent rabattre le caquet,

» Et de ta verge enfin fais lui sentir le fouet !

» A tes robustes coqs mets toi-même l'armure,

» Afin que chaque coup fasse rude blessure !

» A de nouveaux combats montre-toi toujours prêt !

» De vaincre, mon courroux t'apprendra le secret !

» Vengeance ! ami, vengeance ! Aux armes ! vite, aux armes !

» Cours, vole chez Delattre, y sonner tes alarmes !

» Que bientôt tous ses coqs, teints d'un livide sang,

» Poussent dans le carnage un dernier cri perçant. »

Il dit, et son regard que la rage illumine,

Va pénétrer Prevost d'une flamme divine.

Mars, ravi de l'effet produit par l'heureux trait,

L'embrasse tendrement et vite disparaît.

Sous le coup saisissant de cette ardeur nouvelle

Le brave Prevost sent la fureur qui l'éveille.

Il vole chez Delattre, et le trouve levé,

Encore ému du songe où son âme a rêvé.

« Eugène, lui dit-il, il faut régler nos comptes,

» Avant de débiter en public tes sots contes.

» Me voilà fatigué de tes mauvais discours !

» Ta langue aura le prix, si l'on donne un concours ?

» Il faut bien mettre un terme à ta fanfaronnade,

» Qui mérite à bon droit un peu de bastonnade.

» Va chercher tes témoins pour dorer ton blason,

» De suite nous verrons qui des deux a raison ?

— » Ton arme, lui répond du ton le plus sévère,

» Notre fringant hussard, enflammé de colère !

» Carabine ou fusil, épée ou pistolet,

» Choisis et réponds-moi par l'arme qui te plaît !

— » Les coqs, les coqs d'abord, et nous verrons ensuite

» Ce que dicte le sort pour ta noble poursuite,

» Lui réplique Prevost, l'œil rempli d'un beau feu.

— » Choisis aussi ton jour, et ton heure, et le lieu,

» Où pour tes sûrs exploits tu désires combattre,

» Sur un ton ironique, ajoute alors Delattre.

— » La Bassée offrira ce spectacle entraînant,

» Dit Prevost, et ce jeu semblera surprenant.

» Permets-moi de fixer pour le jour un dimanche

» Où dans de vifs plaisirs souvent l'âme s'épanche,

» A quatre heures du soir, au moment désiré,

» Où du repas fini tout est bien savouré.

» Mais nous devons, pour fuir la hideuse chicane

» Qui sait semer le trouble et fait jouer la canne,

» Auparavant poser du jeu le règlement,

» Pour bien nous disposer à tout évènement :

» Les coqs seront armés : les ergots feront place

» Aux éperons d'acier que jamais rien ne casse,

» Pour se ruer l'un l'autre, en sauts plus furieux

» Que les pieds frappant l'air d'un cheval très-fougueux.

» De leur patte le dard, coupé d'un centimètre,

» Sortira, pour que mieux dans les chairs il pénètre.

» Comme armeur, si tu veux, tu prendras un troupier,

» Blanchi dans les combats, roué dans le métier,

» Pour ajuster la lance avec l'adresse sûre

» Que chacun de ses coups ira porter blessure.

» Quant aux miens, j'armerai moi-même chaque ergot ;

» J'aurai plus de plaisir qu'à manger le gigot.

» Des pattes connaissant la force et la structure,

» Je prendrai mieux qu'un autre une juste mesure.

» Des coqs il faut de même à chacun désigner

» Celui qu'à faire battre il doit se résigner.

» Tu peux choisir parmi la race d'Angleterre :

» Ton riche coq anglais est bouillant de colère ;

» S'il ne surpasse pas les autres en grosseur,

» Il se montre du moins un terrible agresseur ;

» L'aigrette, au lieu de huppe, orne très-bien sa tête

» Qui dégage le bec et le cou sous la crête ;

» Son plumage est brillant d'une vive couleur

» Où le rouge domine en vantant sa chaleur ;

» Ses plumes, comme un paon, en tresses d'or se lissent ;

» Ses poils épais, serrés, sous ses feux se hérissent ;

» Au combat, son ardeur ne fera pas défaut :

» Il pourra supporter, je crois, plus d'un assaut.

» J'aime moins ton flamand, au plumage bleuâtre,

» Qui brûle cependant comme le feu dans l'âtre :

» Il me semble plus froid, avoir moins de vigueur,

» Un sang moins pétillant, moins de courage au cœur.

» Des coqs croisés l'espèce a certes de l'adresse,

» Mais elle manque un peu, selon moi, de rudesse.

» Pour les coqs du pays, je te dis franchement

» Que j'estime encore moins leur divers croisement.

» Quoiqu'ils aient à nos yeux une belle croissance,

» Il faut craindre toujours la dégénérescence.

» Quant à moi, de mes coqs je choisis le barbu

» Qui se bat toujours mieux quand un coup il a bu.

» Au-dessous de son bec il porte à son plumage

» Des poils touffus, virils, attestant son courage ;

» De tous les autres coqs il a les qualités ;

» Avec lui je n'ai point peur des rivalités.

» Recommande à tes coqs de se tenir sur garde,

» Car celui-là, vois-tu, saura faire leur barbe.

» Je n'en dirai pas plus pour ne point t'affliger

» D'avance sur les coups qu'il va leur infliger.

» Du célèbre combat nous prendrons pour théâtre

» L'endroit, près de la place, encore très-rougeâtre,

» Où cette nuit l'orage, en déchaînant les vents,

» A fait pâlir d'effroi tous les êtres vivants ;

» Où sur un poulailler les éclats de la foudre,

» En tombant par malheur, ont tout réduit en poudre,

» De ses indignes feux (fatalité !) brûlant

» Le roi de tous les coqs, de tous le plus vaillant.

» L'odeur qu'exhale encore une noire fumée,

» Redoublera des coqs la colère allumée,

» Et, vengeant de leur sang cet outrage des cieux,

» A Mars ils donneront l'empire sur les Dieux.

» Sur un carré formé par quatre planches belles

» Leurs yeux sauront briller comme des étincelles ;

» Et si, par cas fortuit, un coup trop violent,

» Lancé contre lui-même en un feu très-roulant,

» Vient enfoncer le dard avec tant de furie

» Qu'il fait tomber le coq sous son aile meurtrie,

» En repliant sa tête en des sens plus surpris

» Que le plus fin renard qu'une poule aurait pris,

» Chaque armeur jugera la lutte suspendue,

» Et tout en regrettant la minute perdue,

» Selon loi reprendra son coq encor vivant

» Qu'au parc il remettra pour le duel suivant.

» Le combat ne pourra toucher sa fin dernière,

» Que quand le coq vaincu fermera la paupière,

» Ou que d'un coup fatal ne parant point l'effort,

» Par terre il tombera soudain frappé de mort.

» Un enjeu doublera le plaisir de la gloire,

» Et cent francs orneront le prix de la victoire.

» Des paris s'ouvriront en pleine liberté ;

» Les pièces d'or pleuvront sur le parc enchanté ;

» Un splendide banquet couronnera la fête ;

» Un bon mouton sera l'objet de la conquête. »

— « J'accepte, dit Delattre, et, toi, cours de ce pas
» Préparer ton barbu pour son noble trépas. »
A l'instant les rivaux, animés d'un beau zèle,
S'apprêtent d'un air fier à vider leur querelle.
Chacun, de son côté, se rend au poulailler,
Encourage ses coqs à se bien batailler,
Leur caresse et le bec, et la gorge et la crête,
Frotte d'huile l'ergot dont l'aiguillon se prête,
Lève, en flattant, chaque aile, et l'enfle par orgueil,
Embrasse chaque plume, enflamme bien chaque œil,
Alimente leur corps de substance solide,
Et mêle un alcool pur à la boisson liquide.
Fondant sur le succès un légitime espoir,
Du beau jour le lever chacun brûle de voir.
Ce jour enfin a lui : car la foule innombrable
Comme on l'a dit, se presse au parc inabordable.
On monte sur les murs, les fenêtres, les toits ;
On monte l'un sur l'autre, on fléchit sous le poids ;
On se courbe, on se pousse, on étouffe, l'on crie,
Et parfois les bons mots lancent la raillerie.
Des fauteuils cependant aux notabilités
Ont été réservés selon leurs dignités.
Au premier rang figure un député de droite,
Qui n'a pas craint la mort dans cette enceinte étroite.
Doué des qualités de l'esprit et du cœur,
De tous les Basséens il a fait le bonheur :
Il obtint du ministre un appui favorable
Pour tourner de Grammont la loi désagréable,

Afin de satisfaire au désir général

Qui réclamait ce jeu prétendu peu moral.

Il honora le parc , dit-on , de sa présence ,

Pour juger des effets en toute conscience.

Et la reconnaissance en ce jour le suivit.

Depuis son souvenir dans tous les cœurs survit,

Tout à coup l'heure sonne : un long et gai murmure

Du solennel combat annonce l'ouverture :

Les rangs plus resserrés provoquent les clameurs ;

Les esprits plus émus attendent les armeurs

Qui, d'un sens opposé, tous deux bientôt se montrent

Et d'un pas mesuré dans le parc ensemble entrent,

Chacun tenant en mains son trésor précieux

Que la prudence fait voiler à tous les yeux.

D'un côté, c'est Prevost qui, d'un air d'assurance,

Pose son coq barbu se targuant d'arrogance.

De l'autre , c'est Delattre, avec son coq anglais

Qui sur le parc défie en chantant le français.

Lorsque les deux rivaux se trouvent face à face ,

Leur colère aussitôt éclate avec menace ;

Leurs yeux lancent des feux aussi vifs que l'éclair ;

D'un sang pourpré se teint de leurs crêtes la chair ;

Sur leurs coups se gonflant leurs barbes se hérissent ;

Leurs becs, en s'accrochant, d'un noir courroux s'aigrissent ;

Sur le sol sont crispés leurs ongles irrités ;

Leurs corps se sont baissés sous leurs poils agités ;

Chaque plume frémit, et chaque aile frissonne ;

Leur queue , en s'abattant, se recourbe et fredonne

Un air si rugissant que dressent ses cheveux ;
Les ergots d'acier tremblent des pieds nerveux.
Soudain, plus prompts que l'air qu'un vent chasse en furie,
Ou que le plomb qui part du fusil, saute, crie,
Plus prompts que l'hirondelle, en son rapide vol,
Qui traverse l'espace et va raser le sol,
Les deux guerriers, en feu, l'un sur l'autre bondissent ;
Et par les éperons leurs corps percés frémissent :
Aussitôt le sang coule et va rougir le sol,
Sortant des flancs de l'un, et de l'autre, du col.
Du coup rebondissant, ils tombent en arrière,
Sur le dos renversés, et mordant la poussière.
Plus agiles qu'un lièvre en voulant se lever,
Quand, tombé dans sa course, il cherche à s'esquiver,
Athlètes furieux, les deux coqs se relèvent,
Avec la même ardeur de la terre ils s'enlèvent,
S'élancent de nouveau, et, d'un saut, corps sur corps,
De leur être faisant jouer tous les ressorts,
De chaque ergot l'un l'autre en travers ils se percent ;
Par le terrible choc refoulés, se renversent,
Retombent sur le parc qu'ils inondent de sang,
Et se relèvent l'air encor plus menaçant,
Lançant des coups de bec sur leurs crêtes meurtries,
Sur l'œil, le cou, l'oreille, exhalant leurs furies ;
Vingt fois les éperons piquent de tous côtés ;
Vingt fois tombent les coqs sous les dards ergotés.
Soudain pâlit Delattre : il a vu la blessure
Qui frappa son anglais d'une mort presque sûre.

L'éperon du rival a traversé son cou,
Et l'on craint que la veine, en recevant le coup,
Du sang n'ouvre le cours qui prive de lumière
Le malheureux tombant et fermant la paupière.
Mais le coup, qu'a porté l'intrépide barbu,
Est si rude qu'il tombe aussi comme fourbu :
Ses ergots, en sortant du col de l'adversaire,
Rapprochés par secousse en un retour contraire,
Frappent ses propres pieds l'un par l'autre enfilés,
Et la tête et le cou sont sous l'aile empilés ;
Et, tant que soit levé cet embarras insigne,
Le corps de mouvement ne fait plus aucun signe.
Quand on voit les deux coqs sur le sol étendus,
Immobiles, sanglants, battre ne pouvant plus,
Un cri mêlé d'horreur, de crainte, et d'espérance,
Part des rangs agités de la noble assistance.
Aussitôt les armeurs, non point sans tremblement,
Prennent chacun leur coq au vœu du règlement.
Prevost, en un clin d'œil, s'aperçoit de l'attache,
Et du pied du barbu l'ergot aigu détache,
Lisse un peu son plumage, et d'un nouveau courroux
Rallume son ardeur sous un espoir bien doux.
De son côté, Delattre, en ouvrant la paupière
De son coq étourdi, ravive sa colère,
Lui caresse la crête, et de sa main pressant
Le col qui s'engorgeait, en fait sortir le sang.
L'anglais, grâce à ce soin, ressuscite à la vie
Et reprend sur le champ sa première énergie.

Puis, sur le parc remis comme son gai rival,
Lance un second défi par un chant martial.
Alors les champions qu'irrite cette chute,
Avec un nouveau feu recommencent la lutte.
Telles fendent les airs, rapides, se suivant,
Les ailes d'un moulin tournant par un grand vent,
Tels jadis les guerriers, en volant aux batailles,
Se frappaient l'un et l'autre, en faisant des entailles,
Tels ces coqs belliqueux s'acharnent aux combats
Et cherchent dans la mort un glorieux trépas.
Quand, sous des coups sanglants, ils tombent sur la terre,
Haletants, épuisés, mais bouillants de colère,
Dans un suprême élan, ils massent leur vigueur,
Sur le corps abattu redoublent leur rigueur,
Se lèvent tour à tour : Comme un torrent de grêle,
De coups d'ongles, de bec, et même de coups d'aile,
Sans parler des ergots qui font le plus d'honneur,
Ils dévorent, en rage, avec un vrai bonheur,
Crête, cou, gorge, tête, aile, pied, poil et plume,
Si bien que rien ne reste à peindre sous ma plume.
Le barbu, dans la lutte, et sans baisser l'orgueil,
Par un dard vigoureux sent la perte d'un œil.
Les ergots de son cou viennent percer les veines
En dedans, en dehors, mais de blessures vaines.
L'anglais, dans la défense encor plus malheureux,
Par un double aiguillon est privé des deux yeux,
Et son corps souffre, après, une aile désossée,
La patte rallongée, et l'échine endossée.

Tous deux, à bout d'efforts après tant de combats,
Gisent, mourant sur terre, et ne remuant pas.
Vomissant par le bec un sang épais qui fume,
Le cœur battant encor, mais qui de rage écume.
Tout à coup, le barbu, transporté de fureur,
Se relève, en jetant un cri rempli d'horreur,
Et, fondant sur l'anglais par un élan sublime,
Perce d'un coup d'ergot le cœur de sa victime,
Foule sous les deux pieds son col en l'étouffant,
Se pose sur son corps, et chante triomphant.
Aussitôt mille voix proclament sa victoire;
Partout l'air retentit des échos de sa gloire.
Delattre prend l'anglais qui meurt en soupirant,
Et l'emporte, confus, et d'un air déchirant.
A Prevost des honneurs son coq montrant la voie,
Saute en ses bras ouverts, le cœur tout plein de joie.
Plus nombreuse vraiment qu'un essaim de fourmis.
Autour de lui se presse une foule d'amis,
Qui, par des soins touchants, témoigne sa tendresse,
Lave ses pieds, sa tête, et sa crête caresse,
Polit bien son plumage, et, sur un ton flatteur,
Rafraichit tout son corps par un baume enchanteur.
Ce devoir accompli, pour compléter la fête,
On le porte en triomphe, et le banquet s'apprête.
Les confrères unis sont ivres de bonheur;
Une vive gaîté part du fond de leur cœur.
Aux soucis des vaincus le doux plaisir fait place,
Et la joie à son tour se peint sur chaque face.

Chacun parle du prix en louant le mouton.

Le rire, les chansons, les bons mots, ont du ton.

Au lieu du feu des coqs, un autre feu s'allume :

Du bord des vases pleins à flots la bière écume.

Le couvert est orné de mets très succulents ;

Le vin vient réveiller les esprits indolents.

Chacun vante les coqs : dans l'oubli rien ne passe ;

De citer leurs exploits personne ne se lasse.

Du coq anglais surtout on déplore la mort ;

Pour le ressusciter on fait même un effort ;

On eût certes voulu lui redonner la vie

Pour revoir ce combat aussi digne d'envie.

On porte au bel hussard comme à Prevost, vainqueur,

Un toast chaleureux qui réjouit leur cœur.

Du barbu la louange, à nulle autre pareille,

Augmente l'appétit d'une vigueur nouvelle ;

Et la faim laisse encore la chère liberté

De poulets désossés d'entamer le pâté.

Puis, chacun voit frémir dans sa coupe brillante

Des vins les plus exquis la liqueur enivrante ;

Au Bordeaux bienfaisant, mais un peu moins flatteur,

Succède le Bourgogne, au ton dominateur ;

Et chacun voit mousser le savoureux champagne

Que la gaîté réclame et toujours accompagne.

Un punch enfin brûlant, dans un sens libéral

Exhale son parfum qui rend le cœur jovial.

Le verre se remplit vite avec abondance,

Sans vouloir accorder au faible l'indulgence.

Pas d'excuse, il faut boire, et manger, et chanter ;
Par un fou rire, il faut cette fête enchanter.
Bientôt la table boit, et le plancher ruisselle,
Recevant un baiser du buveur qui chancelle.
Bientôt, la langue même, avide de parler,
Ne peut dire le mot qu'il faut articuler.
Des flambeaux la clarté dans les yeux porte trouble ;
Chacun semble danser, en même temps voir double.
Comme l'astre du jour flottant dans le brouillard,
Le pied trébuche, glisse, et l'on tombe au hasard.
Pipes, verres, flacons, vaisselles, tout va suivre
La table renversée, elle-même étant ivre.
Sous les divers débris gît, confus et souillé,
Un monceau de vaincus sur le plancher mouillé.
Là, tout à coup survient un gros et gras notaire
Qui n'avait pas d'autre acte assurément à faire,
Lequel, avant de fuir le pénible tableau
Qu'étale devant lui des liqueurs le fardeau,
Oppose à cette image une parole antique,
Et, debout, contemplant d'un air mélancolique
Le groupe de noceurs à ses pieds expiré,
S'écrie en soupirant : « Tout a dégénéré. »
A part cet incident, qu'on ne lit pas sans rire,
Et qui fut loin d'atteindre un semblable délire
(La fable en sut enfler l'excessive gaîté
Pour enchérir le prix de cette nouveauté),
Muse, disons donc vrai : la fête fit merveille ;
La Bassée, en nul temps, n'en vit une pareille.

Un récit détaillé parut dans les journaux
Et reçut les clartés de leurs brûlants flambeaux.
Cet exemple entraîna tout le nord de la France
Qui fut heureux d'user de même tolérance.
Partout s'organisa ce genre de combats
Qui mène avec plaisir tant d'âmes au trépas.
Son attrait réunit de bons sociétaires,
Qui comptent dans leur rang des membres honoraires.
Mars anime partout ces terribles souffleurs
Qui répandent ses dons sur les coqs batailleurs,
Et leur font respirer une odeur de carnage
Pour exciter plus tôt les accès de leur rage.
Et les coqs sont l'objet d'un jeu divertissant
En inondant le sol chaque jour de leur sang.
La Bassée, au surplus, du genre le modèle,
Par cet art s'est acquis une gloire nouvelle ;
Elle entretient par lui le feu de ses guerriers
Qui n'attendent que l'heur pour cueillir des lauriers.
On dit que, pour garder la juste renommée
Qui suit de ses héros la valeur consommée,
Le conseil de la ville examine, en secret,
Ce projet qu'a soumis un membre peu discret :
« Pour donner plus de lustre à la splendide fête
» Qu'à célébrer bientôt dignement tout s'apprête,
» Le budget inscrira les frais d'un beau concours
» Offert aux amateurs, heureux d'un tel secours ;
» Un prix honorera des bons coqs la vaillance :
» Une médaille d'or sera la récompense. »

Les nombreux concurrents, du profond de leur cœur,
Aspirent à ce jour de joie et de bonheur,
Et sont, en y pensant, attendris jusqu'aux larmes.
Déjà de leurs guerriers ils préparent les armes,
Leur donnent pour boisson le bon lait de coco,
Et déjà tous les coqs chantent : *Coquerico*.

www.ingramcontent.com/pod-product-compliance
Lightning Source LLC
LaVergne TN
LVHW022140080426
835511LV00007B/1182